journal

journal

journal

journal

journal

journal

journal

journal

journal

journal

journal

journal

journal

journal

journal

journal

journal

journal

journal

journal

journal

journal

journal

journal

journal

journal

journal

journal

journal

journal

journal

journal

journal

journal

journal

journal

journal

journal

journal

journal

journal

journal

journal

journal

journal

journal

journal

journal

journal

journal

journal

journal

journal

journal

journal

journal

journal

journal

journal

journal

journal

journal

journal

journal

journal

journal

journal

journal

journal

journal